FÜ

&

VON

Wie schön, IHR TRAUT EUCH!

GROH

Ihr steht erst
ganz am Anfang eurer
gemeinsamen Reise,
aber eins ist jetzt schon
sicher: Sie wird
wunderschön!

JEDES HERZ SINGT
EIN UNVOLLSTÄNDIGES LIED,
BIS EIN ANDERES HERZ
ZURÜCKFLÜSTERT.

PLATON

VERLIEBT, VERLOBT UND JETZT AUCH VERHEIRATET!

Ihr zwei habt euch getraut und »Ja« zueinander gesagt.
Ab sofort geht ihr also ganz offiziell Hand in Hand durchs Leben.

Herzlichen Glückwunsch und alles Liebe zur Hochzeit!

EINZELN
HINTERLASSEN WIR SPUREN,
gemeinsam
EINEN WEG.

ERNST FERSTL

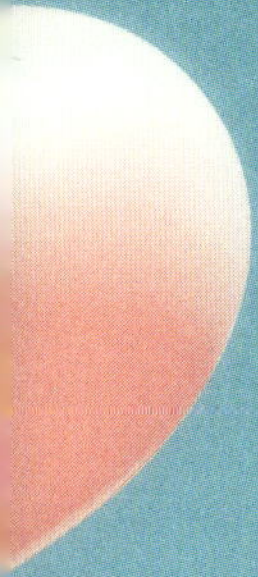

Zusammen werdet ihr die
Welt erkunden,
rauschende Feste feiern und

einzigartige Erinnerungen

sammeln.

UM DEN VOLLEN WERT
DES GLÜCKS ZU ERFAHREN,
BRAUCHEN WIR JEMANDEN,
UM ES MIT IHM
zu teilen.

MARK TWAIN

Sicher wird es auch
in eurer Ehe
ein paar stürmische Tage geben.
Doch keine Sorge:
Auf jeden Regenschauer
folgt schließlich ein

Regenbogen!

LIEBE MUSS
NICHT PERFEKT SEIN,
sondern echt.

UND OHNE EIN BISSCHEN BUNTES CHAOS
WÄRE DAS LEBEN JA SCHLIESSLICH AUCH
LANGWEILIG. GEMEINSAM BEWÄLTIGT
IHR ALLE HINDERNISSE MIT
EINER GROSSEN PORTION
LIEBE UND HUMOR!

Das Glück

KOMMT ZU DENEN,
DIE LACHEN.

AUS JAPAN

IHR ZWEI SEID DAS PERFEKTE TEAM
UND KÖNNT EINFACH ALLES SCHAFFEN!

KEIN TRAUM IST ZU GROß,
WENN IHR IHN
zusammen träumt.

Wenn ich allein träume,
ist es nur ein Traum.
Wenn wir gemeinsam
träumen,
ist es der Anfang der Wirklichkeit.

AUS BRASILIEN

Egal, ob ihr in die Karibik
auswandern wollt oder
vom Großfamilienglück träumt ...
Erschafft euch das
Leben eurer Träume!

GELIEBT ZU WERDEN
MACHT UNS STARK. ZU LIEBEN
MACHT UNS MUTIG.

LAOZI

LOVE

Vergesst dabei nie:
Ihr seid nicht nur ein Ehepaar, sondern auch

beste Freunde.

Haltet immer an eurer Freundschaft fest
und versucht einander so anzunehmen,
wie ihr seid. Inklusive eurer Fehler
und kleinen Eigenheiten.

Liebe ist

gemeinsame Freude

an der wechselseitigen

Unvollkommenheit.

LUDWIG BÖRNE

Doch jetzt dürft ihr
erstmal gemeinsam auf
Wolke 7 schweben und euch an den
wunderschönen

Erinnerungen

an euren besonderen Tag erfreuen.

Nur die Liebe

SCHAFFT ERINNERUNGEN VON UNVERGLEICHLICHEM WERT.

ANGELIKA EMMERT

Versucht euch das Jubelgefühl
dieses besonderen Tages aufzubewahren
und feiert eure Liebe nicht nur an euren
Hochzeitstagen, sondern jeden Tag.

Wie unglaublich schön, dass ihr einander habt!

ZU GUTER LETZT NOCH EIN PAAR

liebe Wünsche

FÜR EUER GEMEINSAMES LEBEN:

GOLDENE MOMENTE

SPANNENDE ABENTEUER

EIN GEMÜTLICHES ZUHAUSE

SCHÖNE URLAUBE

IMMER EIN OFFENES OHR FÜREINANDER

Und ganz, ganz viel Liebe!

LIEBE HEIẞT

Beben

VOR GLÜCK.

KHALIL GIBRAN

Und jetzt kann euer
Happy End
endlich beginnen.
Ein Hoch auf euch,
liebes Hochzeitspaar!

Echte

Liebesgeschichten

gehen nie zu Ende.

MARIE VON EBNER-ESCHENBACH

Idee und Konzept: GROH Verlag.

Textnachweis: Wir danken allen Autoren/-innen bzw. deren Erben/-innen, die uns freundlicherweise die Erlaubnis zum Abdruck von Texten gegeben haben, sowie Ernst Ferstl für die Verwendung seines Zitates auf S. 9: Ernst Ferstl, www.gedanken.at.

Manuskript: Kristin Funk

Bildnachweis: Einklinker Cover: redchocolate/Shutterstock.com; solarus/Shutterstock.com; grafische Elemente und Illustrationen Innenteil: lena_nikolaeva/Shutterstock.com; redchocolate/Shutterstock.com; Litvinova Elena Sergeevna/Shutterstock.com; jayz/Shutterstock.com; stock.adobe.com/Begin Again; stock.adobe.com/sunward5; S. 2: NPstock/Shutterstock.com; S. 5: Litvinova Elena Sergeevna/Shutterstock.com; S. 6: Litvinova Elena Sergeevna/Shutterstock.com; S. 7: Kholifur Rohman/Shutterstock.com; S. 10: Andrekart Photography/Shutterstock.com; S. 13: Jurij Krupiak/Shutterstock.com; S. 16: Nopparat Nambunyen/Shutterstock.com; S. 21: Bogdan Sonjachnyj/Shutterstock.com; S. 24: Md Khairul Qayyum Harun/EyeEm/Getty Images; S. 26: Feelvation/Shutterstock.com; S. 30: MakeStory Studio/Shutterstock.com; S. 32: stock.adobe.com/Begin Again;S. 34: Cuson/Shutterstock.com; S. 37: Anton Sidorenko/Shutterstock.com; S. 38: Kan bokeh/Shutterstock.com; S. 42: Olga Shevtsova/EyeEm/Getty Images; S. 45: Senyuk Mykola/Shutterstock.com; S. 46: MakeStory Studio/Shutterstock.com.

Gestaltung und Satz: Petra Schmidt Grafik Design

Gesamtherstellung: Drukarnia Dimograf Sp. z o.o., Bielsko Biała

Wie schön, ihr traut euch!
ISBN 978-3-8485-0071-0

www.groh.de

FSC
www.fsc.org
MIX
Papier aus verantwortungsvollen Quellen
FSC® C018236

1 2 3 4 5

GLÜCKWÜNSCHE ALLES GUTE

LIEBE ZWEISAMKEIT

HERZENS WÜNSCHE

Einen Emotionen

guten SCHENKEN

Tag

Am schönsten Tag im Leben ist das Glück unser steter Begleiter. Jeder einzelne Moment wird zum unvergesslichen Erlebnis – bis hin zum ganz großen Augenblick, in dem aus „du und ich" ein „wir" wird. Begleitet werden wir auch von all den Menschen in unserem Leben, die für die gemeinsame Zukunft von Herzen alles Liebe wünschen. Die passenden Worte dazu suchen wir.

Ihr Groh Team